Cómo Planificar la Estrategia de Marketing

Guía para Elaborar un Buen **Plan de Mercadotecnia** para su Negocio

By Meir Liraz

Published by Liraz Publishing

www.BizMove.com

Copyright © Liraz Publishing. All rights reserved.

ISBN: 9781695835337

Tabla de contenidos

1. ¿como llevar a cabo un estudio de mercado? — 5
2. una fotografia instantanea de su situacion actual — 13
3. un repaso rapido — 17
4. analisis de la competencia y asuntos criticos — 21
5. publicidad: ¡que buena idea! — 29
6. la estrategia de publicidad, ventajas y desventajas de los medios — 35
7. carpeta de prensa — 63
8. correo directo: arma secreta para pequeños negocios — 67
9. como promocionarse a si mismo - comunicacion no verbal — 74
10. proyectando el futuro: desarrollando el criterio estrategico — 79

MEIR LIRAZ

1. ¿Como llevar a cabo un estudio de mercado?

¿Qué es una investigación de mercado? Beneficios de una investigación de mercado ¿Qué le puede indicar una investigación de mercado?

Es un método para recopilar, analizar e informar los hallazgos relacionados con una situación específica en el mercado. Se utiliza para poder tomar decisiones sobre:

La introducción al mercado de un nuevo producto o servicio

Los canales de distribución más apropiados para el producto

Cambios en las estrategias de promoción y publicidad

Una investigación de mercado refleja:

Cambios en la conducta del consumidor

Cambios en los hábitos de compra

La opinión de los consumidores

El objetivo de toda investigación es obtener datos importantes sobre nuestro mercado y la competencia, los cuales servirán de guía para la toma de decisiones.

No se debe limitar el proceso de investigación únicamente al momento en que se inicia un nuevo negocio. Por el contrario, debe convertirse en una actividad continua.

La investigación de mercado involucra el uso de varios instrumentos para analizar las tendencias del consumidor. Algunos de estos instrumentos incluyen: encuestas, estudios estadísticos, observación, entrevista y grupos focales. La investigación nos provee información sobre el perfil de nuestros clientes, incluyendo sus datos demográficos y psicológicos. Estos datos son características específicas de nuestro grupo objeto, necesarias para desarrollar un buen plan de mercadeo dirigido a nuestro público primario.

Beneficios de una investigación de mercado

La información obtenida a través de una investigación científica de mercado suele ser confiable y debe ser utilizada como guía para el desarrollo de las estrategias empresariales.

La investigación de mercado es una guía para la comunicación con los clientes actuales y potenciales

Si usted realiza una buena investigación, los resultados le ayudarán a diseñar una campaña efectiva de mercadeo, que otorgue a los consumidores potenciales la información que a éstos les interesa.

La investigación le ayuda a identificar oportunidades en el mercado

Por ejemplo, si usted planea iniciar un negocio en cierta localización geográfica y descubre que en ese lugar existe poca competencia, entonces usted ya identificó una oportunidad. Las oportunidades para el éxito aumentan si la región en la que piensa hacer negocio está altamente poblada y los residentes reúnen las características de su grupo seleccionado.

La investigación de mercado minimiza los riesgos

Si en lugar de identificar oportunidades en el mercado, los resultados de la investigación le indican que no debe seguir con el plan de acción, entonces es el momento de hacer ajustes. Por ejemplo, si los hallazgos reflejan que el mercado está saturado con el tipo de servicio o producto que planifica ofrecer, entonces usted sabe que tal vez sea mejor moverse hacia otra localización.

La investigación de mercado identifica futuros problemas

A través de la investigación puede descubrir, por ejemplo, que en el lugar donde quiere establecer su negocio, el municipio planifica construir un paso a desnivel o una ruta alterna con el propósito de aliviar la congestión de tránsito. ¡Usted ha indentificado un posible problema!

La investigación de mercado le ayuda a evaluar los resultados de sus esfuerzos

Con la investigación puede determinar si ha logrado las metas y los objetivos que se propuso al iniciar el negocio.

Datos demográficos:

Es información específica sobre una población. Incluye:

1. edad

2. sexo

3. ingreso aproximado

4. preparación académica

5. estado civil

6. composición familiar

7. nacionalidad

8. zona residencial

Los datos demográficos están basados en los hallazgos del censo nacional, agencias de gobierno y firmas privadas que se dedican a recopilar este tipo de información.

Usted puede obtener esta información en la Cámara de Comercio, en el periódico local, en el Departamento de Comercio o en una biblioteca local.

Por ejemplo, para el censo del 1990 en los EEUU se encontró que la mayor parte de la población se encontraba entre los 50 y 65 años de edad. Estos datos fueron aprovechados por algunas empresas para desarrollar productos y servicios para atender las necesidades de esta población. Como consecuencia, en los últimos años se registró una alza en las ventas de productos y servicios para la salud.

Datos psicológicos:

Estos datos recopilan la información que se

encuentra en la mente del consumidor:

1. actitudes

2. estilos de vida

3. intereses

4. valores

5. cultura

Con la obtención de esta información podríamos:

1. determinar qué factores motivan al consumidor a comprar nuestro producto o servicio

2. identificar cualquier predisposición por parte del consumidor por razones culturales o ambientales.

3. conocer las preferencias del consumidor

OJO…La obtención de datos demográficos y psicológicos ahorran mucho tiempo y dinero a la compañía. La información sirve para delinear el perfil de nuestro cliente.

Métodos para investigar un mercado:

I. La Encuesta:

En este método se diseña un cuestionario con

preguntas que examinan a una muestra con el fin de inferir conclusiones sobre la población. Una muestra es un grupo considerable de personas que reúne ciertas características de nuestro grupo objeto. Es recomendable que las preguntas de la encuesta sean cerradas [preguntas con alternativas para escoger]. Éste es el método que más se utiliza para realizar investigaciones de mercado.

Otro factor importante es la secuencia en la cual las preguntas son presentadas. Las preguntas iniciales deben ser sencillas e interesantes. Las preguntas se deben tocar desde lo general hasta lo específico. El cuestionario debe ser fácil de leer.

Por ejemplo,

¿Cuál es el factor que más influye al momento que usted compra un carro nuevo?

___garantía ___precio ___ servicio ___ experiencia previa

II. La Entrevista

Una vez diseñado un cuestionario se procede a entrevistar a personas consideradas líderes de opinión. Generalmente, los participantes expresan información valiosa para nuestro producto o servicio.

Por ejemplo,

ideas para promoción

estrategias de ventas / mercadeo

III. La Observación

Otra opción que tenemos para obtener información es a través de la observación. Con simplemente observar la conducta de nuestro público primario podemos inferir conclusiones. Un ejemplo sería observar cómo las personas se comportan al momento de escoger un producto en el supermercado.

IV. Grupo Focal

Los grupos focales son parecidos al método de la entrevista, con la diferencia de que la entrevista se realiza a un grupo en vez de a un individuo. Para el grupo focal se selecciona entre 10 a 12 personas con características o experiencias comunes.

OJO…Es necesario tener un moderador para que conduzca la entrevista.

2. UNA FOTOGRAFIA INSTANTANEA DE SU SITUACION ACTUAL

En la sección sobre la Situación Actual de su plan de mercadeo, usted proveerá información acerca de la posición en que se encuentra, el mercado meta y el ambiente competitivo. Brevemente describirá los asuntos críticos que su compañía enfrenta, los detalles se ofrecerán en la sección de Análisis de la Competencia.

Localización:

Describa la localización actual o proyectada del negocio.

* Si usted no tiene un local, nombre las áreas o características que utilizará para seleccionar la localización. Considere la proximidad con los clientes, la disponibilidad de estacionamiento, inventario almacenado y movimiento, los requisitos federales, las leyes locales y estatales, requisitos de seguridad y el potencial de expansión.

* Enumere los aspectos negativos que afectarían las ventas (ej. insuficiente estacionamiento) y las soluciones para estos problemas.

* Describa los planes de expansión para el futuro.

¿Se mudará? ¿Ofrecerá productos o servicios adicionales? ¿Contratará empleados?

* Si ofrece o planifica ofrecer un servicio o producto que no requiera que el consumidor visite su negocio, incluya una descripción en la que explique como se comunicará con los clientes - cómo los servicios y productos se intercambiarán. Si su producto es Servicio de Consultorías; ¿cómo proveerá el servicio?, ¿visitará al cliente? Si su producto se ofrecerá a través de un catálogo de venta o del Internet; describa ¿cómo los servicios y/o los productos llegarán al consumidor?

Descripción del mercado meta

Enfocar todos los esfuerzos al mercado meta es crítico para el éxito en el mercadeo de cualquier producto. Planificar las estrategias de mercadeo sin conocer a quién le quiere vender es como planificar una fiesta sin conocer nada acerca de las personas que asistirán a la misma.

* Describa el tamaño de su mercado meta - recuerde, el mercadeo es gente con algo en común, no es un lugar o cosa. Sea específico e incluya estadísticas sobre el tamaño de su mercado meta. Incluya información sobre el tamaño de su

mercado; si está en crecimiento, en reducción o si se mantiene igual. Si el tamaño de su mercado está cambiando explique el por qué.

* Describa su mercado meta en los siguientes términos:

* Características similares - como lo son la edad, ingreso anual, sexo, estado civil, lugar de residencia, nivel de educación, número de hijos, etc.

* Hábitos - por ejemplo, si su audiencia clave son personas que tienden a trabajar en exceso, son buenos candidatos para entregarles la comida en sus oficinas o casas.

* Necesidades y deseos - pregúntese ¿cómo su producto los satisfacerá? Por ejemplo, les simplifica la vida, calidad, comodidad, etc.

* Describa los hábitos de compra de su mercado meta - por ejemplo; ¿cómo gastan su dinero?, ¿dónde compran?, ¿qué cantidad?, ¿con qué frecuencia?

Nota: Si tiene más de un mercado meta, identifique su mercado primario - los consumidores que comprarán con más regularidad. Luego, incluya el grupo secundario, si cree que este sector pudiese proporcionar negocios significativos. Identifique las características, necesidades, etc. para cada grupo porque deberá cambiar sus estrategias de mercado respectivamente.

Análisis competitivo y de asuntos críticos.

Para entender a la competencia y los asuntos críticos que enfrentará su negocio, le guiaremos en el desarrollo de los objetivos y estrategias de mercadeo. En esta sección del plan debe incluir una breve descripción de los competidores y los asuntos externos que son relevantes para su negocio.

Un análisis de competencia incluye información individual de otras compañías que ofrecen servicios o productos que compiten con su empresa. Sus clientes potenciales tendrán la alternativa de escoger entre su compañía y los competidores para gastar su dinero.

Un análisis de asuntos críticos identifica los asuntos externos que influyen (nuevas leyes o el impacto de los avances tecnológicos) y que presentan un reto o desafío a las operaciones de su negocio.

3. UN REPASO RAPIDO

Los planes de mercadeo varían según la industria, el tamaño de la empresa y el nivel de crecimiento. La forma no es tan importante como lo es el proceso de preparación. El procedimiento le hace reflexionar sobre las metas del negocio y determinar cuáles estrategias de mercadeo utilizará para alcanzarlas.

Si tiene experiencia como mujer de negocios, esto será un repaso rápido de lo que necesitará. Si es nueva en el mundo de negocios o nunca ha desarrollado un plan de mercadeo, puede utilizar esto como punto de partida y comenzar a generar ideas. Al oprimir los hiperenlaces (links), obtendrá información más detallada sobre esta sección.

I.Resumen Ejecutivo Describa su compañía y explique brevemente los puntos principales del plan.
◦Presente su compañía mediante una breve descripción sobre la naturaleza del negocio y los productos o servicio que ofrece.

* Exprese claramente la misión y los objetivos de la compañía.

* Mencione su equipo gerencial (especialmente su

equipo de mercadeo) y describa la estructura organizacional.

* Incluya un resumen de los objetivos y de las estrategias de mercadeo que fueron recomendadas en el plan.

II. Situación actual Provea información acerca de la posición en que se encuentra, el mercado meta y el ambiente competitivo. También, identifique los asuntos críticos que su compañía enfrenta.
º Describa la posición actual o futura del negocio.

* Describa su mercado meta.

* Incluya un resumen de su análisis de la competencia y asuntos críticos.

III. Análisis de competencia y asuntos críticos
º Incluya información sobre otras personas o compañías que ofrecen productos y servicios similares.

* Enumere los aspectos comerciales críticos que son retos potenciales; estos pueden ser una nueva legislación o el impacto de inminentes avances tecnológicos en su industria.

IV. Objetivos de Mercadeo - Explique sus objetivos

de mercadeo; ¿cómo puede aumentar el reconocimiento de su producto en el mercado meta? Incluya un itinerario para indicar qué tiempo le tomará alcanzar sus objetivos.

V. Estrategias de Mercadeo - Este es el plan que se usa para alcanzar los objetivos de mercadeo. Este es el corazón del plan y cubre los cuatro puntos principales del mercadeo. ○Producto: Describa su producto o servicio en detalle. Incluya los beneficios y rasgos distintivos del producto.

* Precio: Describa su estrategia de precio y políticas de pago.

○Promoción: Describa las herramientas de promoción (plan de promoción) que utilizará para lograr los objetivos de mercadeo.

* Posición o plaza: Describa cómo y dónde se colocará el producto, ¿cómo el consumidor tendrá acceso a estos? y ¿cómo los venderá? sus métodos de venta y distribución.

VI. Programa de Acción - En esta sección describirá qué hará, cuándo empezará o estará listo y quién realizará las tareas.

VII. Presupuesto - Lista del costo de las actividades

que describe en el plan de mercadeo.

VIII. Evaluación - Describa las metas numéricas, qué métodos utilizarán para medir los resultados al implementar el plan de mercadeo. Incluya el límite de cuál es el tiempo para realizar las metas. Por ejemplo, aumento de las ventas en un 10% en un periodo de 12 meses.

IX. Documentos de Apoyo - Incluya cualquier documento de apoyo que refuerce las otras secciones del plan, como son el resumen del equipo gerencial, hojas de trabajo, estudios de mercado, resultados de investigaciones, etc.

4. ANALISIS DE LA COMPETENCIA Y ASUNTOS CRITICOS

El propósito del análisis de la competencia es explicar en detalle cuáles son los cambios externos y las oportunidades que su negocio enfrenta.

Beneficios al preparar un análisis de la competencia

* Descubrirá cual es su ventaja competitiva - la razón por la cual sus clientes hacen negocio con usted en lugar de con su competencia. Entonces, usted será capaz de comunicar efectivamente su ventaja competitiva para ganar clientes potenciales.

* Analizar la situación actual del mercado y los ofrecimientos de sus competidores le ofrece la oportunidad de explorar alternativas para hacer mejoras innovadoras a su producto.

* Usted podrá encontrar que hay ciertos tipos de clientes cuyas necesidades no han sido satisfechas. Por ejemplo: si su plan incluye la preparación y entrega de comidas gourmet, podría descubrir que ciertas zonas de la ciudad no están incluidas. Si usted puede satisfacer las necesidades de un sector que se encuentra al descubierto, estará desarrollando un "nicho" de mercado.

* Si observa las acciones de sus competidores, podrá aprender más acerca de su mercado. Por ejemplo: ¿Durante una temporada especial, existe algún competidor exitoso que ofrezca precios reducidos? Si es así ¿cuál es el mensaje que usted percibe con relación a los hábitos de compra de su clientela?

* Si encuentra que su mercado esta saturado de competidores competentes, usted puede evitar el costoso error de empezar un negocio sin suficiente demanda. Usted puede redirigir sus esfuerzos hacia otro mercado. (Por ejemplo: su investigación puede indicar que ya existe un amplio número de negocios de servicios de comidas gourment en su área).

ANALISIS COMPETITIVO

Qué discutir en su análisis de competencia.

* Nombre de los competidores - Enumere todos sus competidores.

* Resumir todos los productos de los competidores - Incluya la localización, calidad, publicidad, métodos de distribución, estrategias de promoción y servicio al cliente.

* Fortalezas y debilidades del competidor - Es

importante conocer las fortalezas y debilidades desde el punto de vista del consumidor.

* Estrategias y objetivos del competidor - Esta información se puede conseguir fácilmente - si obtiene una copia del informe anual.

Ideas para conseguir información de sus competidores.

* Internet - Investigue en Internet.

* Visitas - Puede visitar a sus competidores. Observe cómo los empleados interactúan con los clientes, ¿cómo se presentan los productos?, ¿cuáles son los precios?

* Hablar con los consumidores - Su equipo de ventas está regularmente en contacto con clientes y prospectos. Su competencia también está en contacto con este sector del mercado. Escuche lo que los clientes y prospectos dicen sobre la competencia - ¡y sobre usted también !

* Anuncios de los competidores - Analice los anuncios de la competencia para obtener información sobre su audiencia, posición de mercado, beneficios del producto, precio, etc.

* Presentaciones - Asista a las presentaciones de los representantes de la competencia.

* Exhibiciones - Observe a los expositores con ojo crítico y desde el punto de vista del consumidor.¿Qué "dice" la exhibición sobre la empresa? El tipo de exhibiciones y ferias que la competencia patrocina indican sus estrategias de mercadeo y el sector de mercado que persiguen.

* Otras fuentes: publicaciones: ºPublicaciones de negocios en general

* Publicaciones de publicidad y mercadeo

* Periódicos locales y publicaciones de negocios

* Publicaciones industriales y de gremios

* Estudios e investigaciones de la industria

* Listados computarizados (disponibles en muchas bibiliotecas)

* Informes anuales

* Páginas Amarillas

Nota: Desarrolle un archivo para cada uno de sus competidores. En él debe colocar toda la literatura de mercadeo que consiga, como artículos en que los mencionan. La información que recopile le servirá para actualizar el análisis de la competencia.

Análisis de Asuntos

Además de la competencia, su negocio podría enfrentar otros obstáculos para alcanzar el éxito. Para vencerlos, es necesario entender la naturaleza de los mismos, y para beneficiarse de "los golpes de suerte" es necesario estar al tanto de las innovaciones y eventos que puedan redundar en nuestro beneficio.

Oportunidades y Amenazas Externas

Identifique y coloque, según el orden de importancia, cualquier oportunidad y amenazas que su negocio podría enfrentar por influencias externas. Esta información la puede obtener mediante varias fuentes:

* Las expectativas económicas de su mercado - ¿está comenzando un negocio en una economía estable? Si no es así ¿puede su producto sobrevivir?

* Innovaciones de los productos - ¿cómo le afectarán los cambios realizados a los productos de la competencia? ¿Qué está pasando con los productos que * complementan" su línea? (Si diseña

programas de computación que utilizan Windows, las PCs de IBM se considerarán "productos complementarios" a los suyos)

* Avances tecnológicos - ¿Qué cambios tecnológicos le impactarán?

* Asuntos ambientales - ¿es su producto saludable?

* Reglamentaciones gubernamentales - ¿qué impacto tienen estas reglamentaciones en su negocio? ¿Se vislumbra alguna legislación que pudiese afectarle?

* Barreras para entrar al mercado - ¿existen barreras, altas o bajas, que le impiden u obstaculizan la entrada a su mercado? ¿Qué necesitaría un competidor para iniciar operaciones en su campo? ¿Podría un competidor inciar operaciones de la noche a la mañana (barrera baja) o su negocio requiere de conocimientos especiales, equipo costoso, etc. (barrera alta)?

Fortalezas y debilidades (dentro de su negocio)

Identifique las fortalezas y debilidades de su compañía, como por ejemplo; su educación, reputación y experiencia en su área. Si planifica contratar empleados, una debilidad puede ser la falta de un supervisor.

Resuma los asuntos principales en una declaración

Finalmente, determine cuáles son los asuntos más significativos e intégrelos en una Declaración de Asuntos. Use esta Declaración de Asuntos, cuidadosamente preparada, a medida que vaya fijando sus objetivos y estrategias de mercadeo.

A continuación presentamos un ejemplo de una Declaración de Asuntos:

Mientras que existen pocas barreras para entrar al campo y ofrecer servicios de relaciones públicas a proprietarios de pequeños negocios (un teléfono y una computadora es todo lo que se requiere), el acumen de 30 años de experiencia de los socios de Miller Public Relations representa su ventaja competitiva. Ninguna otra agencia de Relaciones Públicas en la zona en que Miller ofrece sus servicios cuenta con una trayectoria comparable.

Para compensar la falta de experiencia del propietario e interés en supervisar los empleados, se reclutará un administrador especializado. Esta persona deberá estar colocada en su puesto para noviembre.

5. PUBLICIDAD: ¡QUE BUENA IDEA!

La publicidad puede ser un elemento crítico para su negocio. Son pocos los negocios, especialmente las tiendas al menudeo, que pueden sobrevivir sin ella. Los negocios que no utilizan publicidad pueden quedarse rezagados ante la competencia.

Sin embargo, escoger el tipo de publicidad adecuado para su empresa no siempre es fácil. ¿Deberá usar la TV, radio, prensa o una combinación de estos medios para hacer rendir mejor su dinero de publicidad? ¿Cómo seleccionar el medio adecuado para su publicidad? ¿Tiene un esquema de las ventajas y desventajas de los medios publicitarios más comunes?

El Propósito de la Publicidad

El propósito de la publicidad es sencillo: hacer que los compradores potenciales conozcan sus productos o servicios y que actúen inmediatamente. Como resultado de la publicidad, los consumidores tal vez procuren encontrar más información, llamen para una cita, pasen por la tienda o envíen una orden por correo. La finalidad debe ser, por supuesto, lograr una venta.

La publicidad envía mensajes consistentes, rápidos y eficaces. Al contrario de otras tácticas de comunicación, como las relaciones públicas, la publicidad le permite controlar el mensaje, el lugar de exposición y la frecuencia.

A través de la publicidad, usted envía un mensaje sobre su producto o servicio.

Además, la publicidad puede:

* Establecer y mantener una imagen positiva de su compañía, productos o servicios.

* Crear una necesidad de sus productos o servicios

* Motivar ventas

* Persuadir a los clientes que sus productos o servicios son los mejores

* Promocionar eventos

Cómo establecer sus metas publicitarias

Pagar por publicidad sin antes establecer metas podría costarle mucho dinero, tiempo y esfuerzo, pero peor aun, podría hacer más daño que bien a su negocio al no enviar el mensaje correcto. Aun la publicidad con un plan específico en mente no es una garantía para el éxito. La publicidad es más un arte que una ciencia.

Algunos puntos a considerar al momento de establecer metas para la estrategia de publicidad de su compañía son:

*¿En qué sector del mercado desea incursionar?

*¿Qué imagen quiere proyectar?

*¿Qué producto o servicio quiere enfatizar?

*¿Qué tipo de volumen de ventas espera?

*¿Cuánto dinero puede invertir?

*¿Cuándo es el momento adecuado para usar la publicidad?

Las metas deben ser específicas y no generales. Un ejemplo de una meta general es, "Queremos aumentar ventas." Hacer esa misma meta específica sería, "Nuestra meta es aumentar en $10,000 las ventas durante la primera mitad del año."

Su meta para cada campaña publicitaria no tiene que estar directamente relacionada con las ventas. Por ejemplo, puedes desarrollar una campaña para dar a conocer el nombre de su compañía.

Investigación del mercado y la publicidad

Tal vez no pueda contestar todas las preguntas que surjan cuando se siente a desarrollar sus metas publicitarias. La investigación del mercado puede ser necesaria antes de empezar su campaña.

Anatomía de un anuncio exitoso

Los anuncios exitosos comparten algunos elementos comunes, que debe tener en mente cuando desarrolle su campaña publicitaria. Son simples, claros, honestos, informativos, orientado al cliente y tratan de contestar:

"Quién, qué, dónde, cuándo, por qué y cómo."

Lo más importante de un anuncio es el mensaje o el beneficio primario que quiere comunicarle a su audiencia sobre su producto o servicio. Su mensaje puede cubrir una o más de las siguientes:

*¿Por qué los prospectos deben comprar su producto y no el de la competencia?

*¿Por qué los clientes deberían comprar su producto otra vez?

*¿Por qué alguien debe comprar su producto?

Los mensajes publicitarios son diferentes a las frases publicitarias, también conocidas como slogans. Un slogan es una frase contagiosa como " Just Do It," de Nike o "It's the Real Thing," de Coca-Cola. No es necesario tener un slogan para tener un anuncio exitoso. Lo que sí es importante es tener un mensaje.

Detrás del slogan está el mensaje. Podríamos suponer que detrás del slogan de Nike el mensaje es: la actividad física es parte de una vida plena, los productos Nike le ayudan a ejercitarse y a obtener esa plenitud.

¿Qué es Publicidad "Gratuita"?

El público generalmente se refiere a los resultados de una campaña de relaciones públicas o trabajo relacionado con esta rama, tal como mencionar el nombre de su empresa en los periódicos o en un artículo de revista, como "publicidad gratuita". Lo anterior, sin embargo, es un error por las siguientes razones:

Primero, generalmente no es "gratis". Alguién invirtió tiempo y esfuerzo en desarrollar la estrategia de promoción o publicidad, escribir los comunicados de prensa o involucrarse en algún tipo de actividad que produjo tales resultados. Segundo, no es "publicidad". Bajo el concepto de publicidad, usted controla el mensaje, los medios que se utilizarán y cuándo se realizará. Por el contrario, usted no puede controlar la inclusión del nombre de su empresa en un artículo, lo que se dice sobre la misma o la fecha en que el artículo se publicará.

Lo anterior de ninguna manera significa que las actividades de este tipo carezcan de importancia o valor. Indudablemente lo tienen. De hecho, este tipo de actividades pueden lograr mejores resultados que una inversión directa en anuncios. Simplemente recuerde no confundir los anuncios con otros esfuerzos de mercadeo tales como relaciones públicas o publicidad.

6. LA ESTRATEGIA DE PUBLICIDAD, VENTAJAS Y DESVENTAJAS DE LOS MEDIOS

La selección del medio dependerá de las razones por las cuales usted necesita la publicidad. En la mayoría de los casos, la lógica será su mejor guía. Sin embargo, estudie la siguiente información la cual expandirá su conocimiento sobre las fortalezas y debilidades de los diversos medios.

La selección y pauta en los medios es el trabajo de muchas personas en compañías y en agencias de publicidad. Si usted planifica una campaña publicitaria (LINK) de gran magnitud y alcance, le exhortamos consultar un experto en pauta de medios.

Primer paso: Estrategia Básica

La selección del medio adecuado depende de cuatro factores:

1.Su objetivo -- Qué desea obtener y en cuánto tiempo…Conocer sus metas es crítico. No se limita a las ideas que "le pasan por la cabeza" . Los objetivos de publicidad deben estar claros y por escrito.

El escribirlos le obliga a ser específico. Estos objetivos deben ser parte de su plan de promoción. Más importante aun, sus objetivos de publicidad deben estar acordes con lo que la publicidad puede lograr. Esto puede lucir extraño, pero la publicidad se limita a lograr que se cumplan unos objetivos específicos. Puede lograr un cambio en percepción o crear una conciencia, pero con excepción de ciertas alternativas de publicidad, la publicidad no puede crear una venta…. Muchos publicistas inexpertos piensan que Publicidad = Ventas, lo cual es un mito publicitario.

2. Su audiencia -- Quiénes son y dónde están las personas a las cuales quiere usted llevar su mensaje…Tome su tiempo y defina cuidadosamente a su audiencia. Ciertos medios tendrán un atractivo mayor para unos grupos más que para otros. Limitar sus grupos de enfoque lo ayudará a tomar una decisión sabia y costo efectivo sobre los medios que seleccionará. Por ejemplo, un proveedor de productos de mascotas pautará sus anuncios en revistas o boletines dirigidos a dueños de mascotas. Además, podrá también pautar un anuncio en un suplemento especial sobre el tema de mascotas que publique el periódico local. Algunos

empresarios pueden pensar que es astuto el anunciarse en un un medio de gran alcance. Se ríen y manifiestan que: "Bueno, le vendo al que tenga el dinero…Esa es mi audiencia…Para alcanzar a todo el mundo, la persona tendría que pautar en todos los medios disponibles---nadie puede costear esa cantidad de dinero. Empresas como Coca-Cola y McDonald's seleccionan cuidadosamente sus medios con el fin de no desperdiciar dinero.

3. El mensaje y la frecuencia -- Qué desea decir y con qué frequencia …Los medios que usted seleccione deben proyectar su mensaje efectivamente. Nuevamente, la lógica aplica de nuevo. Si usted tiene mucha información que ofrecer, no escoja una cuña de radio de 30-segundos. Si necesita que su producto se vea en acción, no escoja un medio escrito. Si usted necesita que su mensaje se proyecte con frecuencia, como por ejemplo—"La venta termina en dos días"—no escoja una revista semanal en la que sólo logrará una exposición. Podría seleccionar en vez, la radio donde su anuncio puede correr frecuentemente—día y noche.

4. Su presupuesto -- Su presupuesto es quizá el factor más influyente en su plan de publicidad. Si

usted no puede pagarlo, no tiene sentido el publicar un anuncio a todo color o un spot en la televisión. Así como redactó sus objetivos, prepare su presupuesto. El presupuesto de publicidad es parte de su plan de mercadeo.

Comprar sólo un spot en televisión no es una compra efectiva puesto que los estudios han revelado que los consumidores deben estar expuestos a un anuncio en varias ocasiones para que se logre la acción correspondiente al mensaje.

El dinero no debe ser el único factor determinante en su decisión. El hecho de que usted pueda pagar por 16 cuñas en una estación de radio, 10 en otra o media página en un periódico, no significa que usted deba decidirse automáticamente por las 16. No es tan sencillo como luce. Para tomar su decisión, usted también quisiera conocer quién escucha la estación, el momento de cada medio y la manera en que el medio se ajusta al mensaje que desea proyectar.

¡Ahora sí está desarrollando una estrategia! Si ha leído lo anterior, usted ha tomado un curso en lo que los Grandes llaman la estrategia creativa. ¡Felicidades! Ahora ya conoce la información y terminología básica. Veamos ahora la información básica sobre los medios disponibles.

Ventajas y Desventajas de los Medios

La siguiente información le ayudará a tomar buenas decisiones sobre su publicidad. Recuerde siempre que: cada mensaje debe verse de manera individual e independiente…lo que funciona en un medio específico no significa que funcionará siempre y en todos los medios.

Lo que usted verá a continuación es una lista de las alternativas que podrá considerar al seleccionar el medio publicitario. Recuerde, no existe un medio correcto o incorrecto. Esto dependerá de su mensaje, su audiencia, sus objetivos y su presupuesto.

* Periódicos

* Revistas

* Internet

* Envíos Directos

* Radio

* Televisión Abierta

* Cable TV

* Tránsito

* Exteriores

Ventajas del Periódico

Los periódicos continúan siendo el medio principal para los anunciantes en términos de la cantidad de dólares invertidos.

Los periódicos que se publican diariamente alcanzan una audiencia diversa y amplia.

La audiencia se concentra en regiones específicas.

Los consumidores buscan los anuncios en los periódicos; así pues, son más receptivos a los mensajes publicados en ese medio.

La esencia de los periódicos es la de publicar información de sucesos que ocurrirán inmediatamente puesto que publican los eventos a llevarse a cabo diaria, semanal o mensualmente. Esto le permite desarrollar su mensaje de acuerdo a los eventos que sucederán en momentos claves, ya sea, el fin de semana o la temporada de pagar las contribuciones.

La inmediatez de los periódicos que se publican diariamente le permitirá predecir el momento idóneo para publicar su mensaje dentro de un esquema temporal predecible—el periódico del martes se leerá el martes—para que usted pueda saber cuándo los lectores verán su mensaje.

El espacio no tiene límites en los periódicos. Usted podrá escribir mensajes largos, o sólo unas cortas líneas. Anuncios de mayor tamaño, le costarán más.

Los periódicos han logrado avanzar tecnológicamente para poder ofrecer una reproducción de fotos y colores de mejor calidad. Además, ya pueden ofrecer una mayor y mejor gama de colores. (Vea la sección Reproducción de Fotos a continuación.)

Los lectores se involucran activamente en la lectura del periódico. El hecho de que deben sostenerlo y virar sus páginas produce una mayor atención en los anuncios.

Desventajas del Periódico

No es un buen medio para audiencias específicas. Aunque usted quiera dirigir su mensaje sólo a los dueños de bicicletas, el mensaje llegará a todo el mundo. Sin embargo, algunos periódicos publican unas ediciones dirigidas a unas regiones específicas, lo que le permitirá pautar su mensaje en la edición que cubra el área geográfica deseada. Por ejemplo, usted podría publicar el anuncio de entregas a domicilio de su pizzería en la sección Noticias del Noroeste que se distribuye exclusivamente en la sección noroeste de la ciudad.

Aunque la tecnología moderna haya mejorado bastante, la reproducción de fotos ha sido considerada por largo tiempo una desventaja en el uso de periódicos como medio de publicidad. El problema reside en el hecho de que los periódicos deben utilizar papel barato para mantener sus costos bajos. Nadie quiere pagar $2.95 por el periódico diario. El papel barato no absorbe la tinta tan bien como papel de mejor calidad, lo que afecta adversamente la claridad de las fotos.

Muchos anunciantes consideran que el periódico es el mejor medio para llegar a las audiencias locales. Esto crea una gran competencia dentro del periódico y resulta en la aglomeración de anuncios.

El periódico no es el medio más popular para ciertas edades. Su fortaleza mayor reside en los llamados Baby Boomers. Muchos periódicos han comenzado a publicar secciones dirigidas a adolescentes y niños, pero su efectividad está aún por verse.

Los periódicos son estáticos y bidimensionales. El advenimiento de los periódicos electrónicos podría cambiar esto en el futuro.

Ventajas de las Revistas

Las revistas se imprimen en papel de buena calidad lo que permite una excelente calidad en colores y reproducción de fotos.

La selección de una audiencia específica es mucho más fácil. Adivine quién lee Golf Pro, Old House Restoration, Teen Romance, US News &World Report, y Biker's World…Además, algunas revistas tienen su reputación propia. Pueden ser consideradas una autoridad en el área de especialidad, o pueden ser prestigiosas, de moda, confiables, etc., y esta reputación puede reflejarse en los anunciantes de la revista.

Por su diseño y formato, las revistas son más flexibles—los anuncios pueden contener muchos colores o muestras de perfumes, pueden tener piezas que se mueven, pop-ups, o tener algún tipo de microchip con sonido. Las fotos pueden ser desplegables o pueden doblarse para ser de mayor tamaño. Para el anunciante esto significa un mayor número de opciones creativas que atraigan la atención del lector.

Las revistas tienen mayor permanencia. Las personas las guardan para leerlas con detenimiento en su tiempo libre. Cuando se lee la revista durante el fin de semana, el lector está más descansado, por tanto, más receptivo.

Desventajas de las Revistas

El costo de las revistas es mucho más alto como resultado de la calidad de producción.

La exposición del lector a su anuncio no es tan predecible. La mayor parte de las revistas contienen artículos de fondo y no noticias de última hora; por tanto, la lectura de éstas y la exposición a su anuncio puede retrasarse para perder su vigencia.

El cierre de las revistas es un mes o dos antes de la fecha de publicación. Esto significa que el anunciante debe trabajar en el arte del anuncio mucho antes de que sea visto por su audiencia, lo que representa una limitación para aquellos anunciantes que esperan hasta el último momento para tomar la decisión sobre sus anuncios.

Publicidad en Internet

Existen dos formas principales de anunciarse en Internet:

1. Inscriba su página o Web site con los principales buscadores para que los visitantes la encuentren rápidamente.

2. Paute el cintillo de su publicidad en otra página que tenga mucho tráfico (visitantes). Los cintillos permiten a los visitantes realizar un puente hacia su página al marcarlos.

Ventajas del Internet

Costo eficiente. Los costos son independientes del tamaño de la audiencia. Por ejemplo, el costo será el mismo no importa cuántas personas visiten su página. (Usted debe cotejar la capacidad de su Proveedor de Servicio del Internet para atender el volumen de visitantes anticipados.)

Los anunciantes pueden dirigirse a sus audiencias específicas al colocar sus cintillos en páginas de temas relacionados. Por ejemplo, si usted quiere dirigir su mensaje a personas que buscan una información precisa, puede adquirir un espacio publicitario en páginas relacionadas a esa categoría en los buscadores más importantes (Yahoo, Infoseek, Lycos, WONET-The Women's Online Network--, etc.). Así pues una persona que vende yerbas orgánicas por correo puede anunciarse en las categorías de alimentos orgánicos o de comida gourmet. La estructura en que se catalogan estas páginas permite que usted se dirija a su audiencia por localización geográfica o por áreas de interés relacionadas.

Los mensajes pueden actualizarse fácil y rápidamente.

Los anuncios en el Internet pueden ser interactivos. Usted puede solicitar una respuesta inmediata del lector, puede tomar órdenes de compra o contestar preguntas instantáneamente.

Los cintillos corren con la frecuencia que usted seleccione. El Internet está siempre disponible.

Los anunciantes en la Internet pueden alcanzar una audiencia global. A parte de las barreras linguísticas, cualquier persona en cualquier parte del mundo puede obtener información sobre sus productos o servicios.

Desventajas del Internet

La publicidad en el Internet no debe verse en el vacío. Debe ser un componente más de su estrategia de mercadeo en el Internet.

Aunque la popularidad del Internet va en aumento, es difícil constatar los resultados de la publicidad a través de este medio.

La gama de los costos de publicidad en el Internet varían considerablemente. Lo más aconsejable es realizar una comparación de páginas con una alta frecuencia de visitas para determinar la mejor forma de invertir su dinero.

Ventajas del Mercadeo Directo

Permite dirigir su mensaje a una audiencia bien específica. Puede seleccionar una calle o todos los residentes de una ciudad. Puede dirigir su mensaje a todos los estudiantes de primer año universitario o a los que estudian en una universidad en particular y que poseen un auto. Puede realizar el envío a todos sus clientes o sólo a los que compran un promedio de $25.00 en cada visita a su establecimiento. Las posibilidades son tan inmensas como lo permita la precisión de su lista.

Es un medio bastante caro. Sin embargo, si se concentra en sólo los clientes con grandes posibilidades de compra, puede ser bastante costo efectivo.

Los mensajes pueden personalizarse, lo que puede ser un atractivo adicional.

Puede evaluar su efectividad. Si compara el número de respuestas con el de los envíos, puede establecer el por ciento de respuesta. Si incluye cupones codificados o tarjetas de respuesta puede trazar exactamente quién le respondió y de dónde.

Los recipientes se involucran activamente. Las personas leen su correspondencia cuando así lo deseen. Así pues, usted podrá tener la atención exclusiva de su cliente potencial.

Desventajas del Mercadeo Directo

A muchas personas les molestan las ofertas no solicitadas y reaccionan de forma escéptica ante su validez.

El promedio de correspondencia echada a la basura

sin ser leída va en aumento.

Este método publicitario requiere un mantenimiento constante de las listas. Muchos anunciantes no se quieren preocupar por mantenerlas al día. Sin embargo, si las listas no están al día puede perderse mucho dinero en correspondencia que nunca llega al recipiente esperado. Otro problema: si la correspondencia contiene un mensaje que ha perdido vigencia, el nombre está mal escrito, o la persona a quien va dirigido ha muerto, podría ofender y hasta molestar al recipiente.

Existen grupos ambientalistas que se oponen al desperdicio de materiales causado por este tipo de envío.

Es bastante costoso.

Ventajas de la Radio

La radio y sus mensajes se mueven con su audiencia. Pueden ser escuchados en el trabajo, en la playa, en la bañera, en la silla del dentista o en las tiendas.

El mensaje de la radio puede llegar sin que su recipiente esté conscientemente buscándolo. El oyente no tiene que estar pendiente para escuchar su mensaje.

La radio permite la selección por grupo de enfoque basado en:

* Geografía—los oyentes están concentrados en el área definida por la señal de la estación

* Hora-- la audiencia cambia según la hora del día—mañana, mediodía o noche.

* Formato—puede llegarse a diversas audiencias según el formato, ya sea rock, blues, clásica, música suave.

Se puede pautar una cuña en radio sin tener que planificar con mucha anticipación. Esto abre a la posibilidad para que los anunciantes reaccionen a eventos momentáneos, tales como, una ola de calor o una oferta de un competidor.

El mensaje puede transmitirse con la frecuencia que usted seleccione (o así lo permita el formato de la estación). Por ejemplo, usted puede mantener una cuña diaria por un año o dos veces por hora por día.

La radio tiene un atractivo local. Usted puede enlazar su mensaje a los eventos locales o al estado del tiempo, para dar énfasis en la relevancia de su mensaje.

El mensaje tiene una voz. Puede ser amistosa, seria, triste, puede tener un tono machista o de humor— lo que se acomode a su mensaje. Sobre todo, la voz puede tener un tono conversacional, una cualidad que lo hace fácil de escuchar y entender.

La compra de tiempo en la radio es costo-eficiente.

La producción de cuñas de radio es sencilla. Con sólo enviar un resumen, un libreto completo o una lista de temas, la estación puede desarrollar la cuña. La mayor parte de las estaciones producen su cuña sin costo adicional.

Desventajas de la Radio

La radio no contiene visuales. No lo utilice para informar sobre un producto que el oyente aún no conoce. Algunos anuncios utilizan la estrategia del "teatro de la mente" para crear imágenes visuales muy efectivas en la mente de los radioescuchas – como cuando usted escucha el abrir una lata y escucha cómo alguien se toma la bebida--. Ten cuidado, este tipo de alternativa requiere de profesionales que logren el efecto, lo que puede costarle bastante.

Algunas audiencias de radio están fragmentadas, si existen 4 estaciones cuya audiencia está definida como de mujeres 25-49 años, usted tendría que pautar en todas éstas, lo que puede representar un alto costo para usted.

La aglomeración de anuncios pautados en la radio puede ser bastante grande, lo que significa que su anuncio puede tener la posición primera, segunda, sexta o décima en el bloque de anuncios, lo que distrae la atención del radioescucha.

No existe una publicación impresa, su anuncio se transmite y luego se pierde. El anunciante no puede asegurarse que el cliente potencial haya logrado anotar el teléfono puesto que no sabe cuándo volverá a repetirse el anuncio. (Sin embargo, existen formas en las que usted puede resolver este problema.)

Las cuñas producidas por las estaciones utilizan talento de la estación. Es gratis, y eso es muy bueno, pero usted se arriesga a que todos los anuncios suenen igual. Esta similitud puede distraer la atención del oyente o confundirla con la de otro anunciante.

Ventajas de la Televisión Abierta

Televisión abierta es el tipo de transmisión que se recibe gratis. Se relaciona comúnmente con las grandes cadenas.

La televisón ofrece todas las alternativas visuales, de sonido, movimiento, color y efectos especiales que usted pueda pagar. Es un medio poderoso con un gran impacto visual.

El mensaje de la TV puede llegar sin que su recipiente esté conscientemente buscándolo. Los televidentes no tienen que estar involucrados en el proceso para recibir el mensaje.

Con la televisión se puede seleccionar el grupo de enfoque basado en:

Geografía—A dónde llega la señal. (No se olvide cotejar si la estación también puede verse en otras a través de Cable TV.)

Hora—La hora en que los distintos grupos de enfoque ven televisión varía.

Programación—Ciertos programas o tipos de programas apelan a ciertos grupos. Observe los anuncios que se pasan en un programa en particular. Al hacer esto, podría tener una idea de quién está viendo el programa. Sin embargo, para tomar una decisión informada, basada en estudios de audiencia, le aconsejamos consulte a un comprador de medios o a un representante de ventas de TV.

Cadenas—Algunas cadenas, tales como Nickelodeon o ESPN tienen unas audiencias identificables fácilmente.

El prestigio y glamour de la TV pueden realzar su mensaje. Algunos la consideran la gran liga de la publicidad. Piense en alguien que vio al dueño del colmado del vecindario en una cuña de TV—le dirá a los demás y al dueño: "Lo vi en TV…"

La televisión es costosa, pero como puede seleccionar su audiencia, resulta costo-eficiente.

Los anuncios pueden apelar a las emociones y empatía de los televidentes. Puede ver felicidad o pena en los ojos de una persona, puede escuchar una voz entrecortada por el dolor de cabeza o escuchar la voz orgullosa de un padre, puede ver con asombro o escepticismo como se realiza la demostración de un producto.

La televisión se ve en los hogares, lugar donde las personas se sienten seguras y no están expuestas a lo que los demás puedan pensar. Si el televidente ha estado preocupado por algún tipo de dolor y usted tiene un mensaje sobre cómo curarlo, tendrá un oyente atento, y, posiblemente, un cliente.

La publicidad en TV puede ser muy efectiva en ayudar a crear una imagen (LINK) para su producto o empresa.

Desventajas de la Televisión Abierta

Para anunciarse en la TV tiene que producir la cuña, o contratar a un productor. Los costos de producción sumados a los costos de la pauta hacen que esta alternativa sea sumamente costosa para muchos anunciantes.

La TV puede parecer complicada para los pequeños anunciantes. Sin embargo, si usted piensa que es el medio correcto para su mensaje, consulte con la estación o con una agencia de publicidad o producción.

Los mensajes pueden ser cortados por el televidente, ya sea porque cambia de canal o porque baja el volumen de la TV.

Los televidentes que han crecido con la televisión y los efectos especiales del cine son bastante escépticos y hasta cínicos sobre lo que ven. No se impresionan fácilmente

Aunque la TV puede ser enfocada o seleccionada por geografía, hora, programa y cadena, es aún un medio de comunicación masivo con un alcance sumamente amplio. A diferencia de la televisión abierta, el Cable TV es un medio más especializado y resulta más efectivo para alcanzar grupos específicos.

Las audiencias cada vez están más fragmentadas por la gran cantidad de canales en existencia, y por las opciones de uso del televisor, tales como, juegos de video, interconexión con las computadoras, y por el alquiler de películas. La era en que la probabilidad de que su anuncio se viera en un 30 ó 40 por ciento es cosa del pasado.

Los espacios para la colocación de anuncios dentro de la programación están cada vez más llenos. Su anuncio puede ser el primero, el tercero o el décimo, lo que puede afectar el nivel de atención del televidente.

Los anuncios realizados con un bajo presupuesto de

producción pueden deslucirse frente a los producidos con un gran presupuesto. Los anuncios que lucen amistosos, pequeños o familiares pueden tener su atractivo, sin embargo, no acepte producciones mediocres para reducir costos. Ningún ahorro vale el daño que pueda hacer una producción mediocre a la imagen o percepción del producto.

La compra de tiempo en TV es bastante complicada. Utilice la ayuda de un experto, que, aunque añada gastos a su presupuesto, resultará también en ahorros.

Ventajas de la Cable TV

Usted puede comprar tiempo en programas que tienen audiencias específicas. Puede comprar un anuncio en un programa sobre cuido de infantes para alcanzar madres jóvenes, o puede comprar un anuncio en un programa sobre costura, enpapelado de paredes, jardinería, reparación de autos, músicos locales, reseñas de libros, etc. De esta forma puede alcanzar audiencias mucho más claramente definidas que si comprara tiempo en un programa de una cadena con mayores "ratings" y un precio más alto.

El costo es más bajo porque tiene una audiencia menor.

Los costos de producción pueden ser más accesibles.

Puede encontrar gente más innovadora. Los equipos de producción de cable contratan escritores, productores y técnicos jóvenes que desean adquirir experiencia y están dispuestos a trabajar con usted. En la mayoría de los casos son recién graduados y tienen conocimiento de las últimas técnicas y tendencias.

Puesto que la TV por cable llega a los hogares conectados, usted puede conocer exactamente quién va a ver su mensaje. Estos hogares pueden estar concentrados en regiones locales. En el caso de las superestaciones es distinto puesto que alcanzan audiencias inmensas y cobran de acuerdo a esto.

Desventajas de la TV por Cable

Casi todas sus ventajas tienen su desventaja:

Alcance limitado.

Pueden tener equipos de producción sin

experiencia.

Alcanza clientes específicos pero no alcanza clientes potenciales.

La TV por cable como tal atrae una gran cantidad de televidentes, pero el hecho de que provee una gran cantidad de selecciones resulta en que las audiencias están muy fragmentadas y los televidentes cambian constantemente de canal.

Ventajas de la Publicidad en Tránsito

La publicidad en tránsito incluye anuncios colocados en autobuses, metro, entradas de metro, trenes y taxis.

El tiempo de exposición se amplía si el anuncio está colocado dentro del vehículo.

Frecuencia—El número de veces en que el recipiente está expuesto a su mensaje dependerá de la frecuencia en la que usa ese método de transportación. Por ejemplo, la persona puede utilizar el mismo tren 10 veces a la semana en su tránsito diario hacia el trabajo.

Los anuncios colocados en autobuses y taxis son vistos por una audiencia diversa y numerosa. Podría decirse que ésta es una audiencia cautiva si toma en consideración la cantidad de personas literalmente paradas en su automóvil detrás de un autobús, o a los peatones que esperan que pase el autobus.

El mensaje puede tener un efecto inmediato puesto que probablemente la persona que utiliza la transportación masiva va de compras, a cenar o algún lugar de entretenimiento.

Los anuncios pueden ser dirigidos geográficamente puesto que usted sabe quién va a estar en un área específica a una hora específica.

Pueden ser dirigidos a un estilo de vida específico. Todo dependerá de los vencindarios por los que pase la ruta de transportación.

Este método de publicidad tiende a ser barato tanto en términos absolutos como relativos.

Desventajas de la Publicidad de Tránsito

El tamaño de su anuncio se limita al tamaño de los marcos o lugares en los que se coloca.

Los usuarios de transportación masiva no son muy receptivos a sus mensajes o están tan acostumbrados a éstos que ya ni los ven.

Es difícil dirigirse a un grupo específico. Su anuncio llega a una gran cantidad de personas, muchos de los cuales no son clientes potenciales.

Puede que en su área no existan medios de transportación masiva. Muchas ciudades o pueblos no tienen metro ni servicio de autobuses.

El ambiente del metro, los autobuses u otro sistema de transportación masiva puede que no sea adecuado para la imagen del producto.

Las circunstancias pueden dañar su mensaje: un autobus enfangado, un tren con grafiti, o una entrada al metro destruída, no son el mejor lugar para mostrar su anuncio.

Ventajas de la Publicidad en Exteriores

Los anuncios gigantescos y coloridos atraen la atención. Al utilizar este medio, su mensaje debe ser corto y debe ir al grano.

Su anuncio tendrá impacto. La tecnología ha abierto las posibilidades para innovaciones y curiosidades tales como anuncios que hablan, se mueven, fuman, cambio en la pantalla de los "billboards", etc. Globos gigantescos, "blow-ups", banderas, banderines, y otras herramientas pueden ser opciones adicionales. Usted puede alquilar lo que se llama un "rolling billboard" en la parte de atrás de un camión que transita por una ruta específica para que éste se vea donde usted quiere.

Su anuncio alcanza a muchas personas, muchas de las cuales lo ven repetidamente al tomar la misma ruta diariamente.

Desventajas de la Publicidad en Exteriores

Es difícil alcanzar audiencias específicas. Lo único que puede hacer es identificar un vecindario.

La creatividad está limitada por el espacio.

Es difícil medir su efectividad.

Puede dañarse por las inclemencias del tiempo o ser vandalizado.

Los costos pueden ser muy razonables si se mantiene por un tiempo bastante largo, sin embargo, las innovaciones pueden subir éstos considerablemente.

7. CARPETA DE PRENSA

Una carpeta de prensa es un conjunto de materiales diseñados para comunicar detalladamente su mensaje a los reporteros y a los directores de los medios de comunicación. Se utiliza para ayudar a que los reporteros comprendan mejor su compañía, producto o servicio, de manera que puedan escribir sobre ella.

La carpeta de prensa es una excelente herramienta para desarrollar buenos lazos profesionales con los representantes de los medios, ya sean de prensa, revistas, radio, cable y televisión. Buenas relaciones con los medios son vitales para conseguir cobertura noticiera.

Usted puede enviar la carpeta a los medios cuando hace un anuncio noticiero significativo, cuando se reúne con el reportero o director, o cuando asiste a alguna convención.

FORMATO DE LA CARPETA DE PRENSA

Los materiales que componen una carpeta de prensa se suelen poner dentro de una carpeta con argollas. Elija una carpeta que tengan espacio para sus tarjetas de presentación, y que sea del color de la papelería de su compañía. Su carpeta de prensa debe incluir la siguiente información:

Inserte, en el lado derecho de la carpeta, del frente hacia atrás:

Tarjeta de presentación - ponga la tarjeta de presentación de la persona contacto en la ranura localizada dentro de la carpeta.

Comunicado de prensa - ¡Anuncie sus noticias importantes! Un comunicado de prensa (LINK) presenta la información en forma impresa, se escribe como un artículo periodístico y se envía a los reporteros.

Artículos ya publicados - muestras de pasadas coberturas que ha tenido su compañía pueden ayudarle a dar más relevancia a su noticia.

Copias de discursos o presentaciones- Pueden ayudarle a crear una buena impresión de su empresa.

Inserte, en la parte izquierda de su carpeta, del frente hacia atrás:

Fotos- normalmente en papel brilloso tamaño 5" x 7", en blanco y negro. Puede ser una foto de su producto o de una persona mencionada en su comunicado de prensa.

Perfil de la empresa y hoja de datos- Un resumen corto de la historia de su compañía, iniciativas y metas, que incluyan una descripción de sus productos y servicios.

Testimonios y estudio de casos- Cualquier declaración positiva o un relato contado por algún cliente satisfecho puede ilustrar la importancia de su empresa.

Biografías- Perfiles de usted y de algunos empleados clave pueden dar detalles interesantes sobre las personas que administran su negocio.

Datos estadísticos- Las gráficas ayudan a ilustrar su noticia. Algunas compañías incluyen una gráfica comparativa de sus productos y los de la competencia.

Folletos, catálogos, periódicos internos y otros materiales escritos- Los folletos pequeños pueden ponerse al frente de otros materiales.

Cómo enviar una carpeta de prensa

Prepare una carta que acompañe el comunicado de

prensa o la carpeta de prensa. Dicha carta sirve para motivar al reportero a que lea el contenido de la carpeta de prensa. Debe explicar de forma clara y concisa la razón por la cual el público estaría interesado en su comunicado. Sugiera varios ángulos noticiosos.

Envíe el material por correo y dele seguimiento. Llame al reportero y asegúrese que haya recibido el material. Mantenga contacto con ellos y envíe información actualizada periódicamente. Algunas recomendaciones para realizar llamadas de seguimiento son:

Organícese antes de llamar.

Trate de llamar durante la mañana o en horas tempranas de la noche.

Comience su llamada preguntándole si está muy ocupado. Si le dice que sí, entonces pregúntele a qué hora puede volverle a llamar. Si le dice que no, trate de ser lo más breve posible.

Presuma que su contacto tiene el escritorio lleno de comunicados de prensa.

Esté preparado para enviar nuevamente la información por fax. Solicite el número de fax.

8. CORREO DIRECTO: ARMA SECRETA PARA PEQUEÑOS NEGOCIOS

El correo directo es una técnica en la cual el vendedor envía mensajes de mercadeo directamente al comprador. A diferencia de otros tipos de comunicaciones de mercadeo, tales como los anuncios publicitarios de televisión, con el correo directo el mensaje no viaja a través de un medio que usted no controla.

El correo directo es una mezcla única de publicidad y ventas. Mientras que una buena publicidad debe lograr ventas, el correo directo le permite presentar los productos o servicios, hacer una oferta y tratar de hacer una venta, todo al mismo tiempo.

El correo directo es, como implica el término, un mensaje de mercadeo que reciben los prospectos por correo.

Algunos ejemplos de mercadeo directo son:

* Hojas sueltas sobre servicios de jardínería a domicilio

* Muestras gratis de champú incluidas en el periódico dominical

* Galletas o arreglos florales enviados por un mensajero o un florista a agencias de servicios de planificación de actividades

* Exhibiciones en convenciones o eventos

* Ofrecer seminarios sobre servicios profesionales

* Ofrecer demostraciones de productos

Usos del correo directo

Además de la simple meta de crear ventas mediante el ofrecimiento de productos por correo, el correo directo es una táctica utilizada para alcanzar otras metas de mercadeo:

* Exponer su producto a un mercado geográfico mayor. Pueden utilizarse los resultados de las ventas producidas por el correo directo como una forma de probar nuevos mercados.

* Si el producto o servicio es caro el correo directo puede ser una manera efectiva para conseguir prospectos.

Tipos de correo directo

* Catálogos de ventas

* Cartas de ventas con folletos.

Los listados de correo son escenciales

Expertos en el campo del correo directo concuerdan que "el éxito del correo directo está directamente relacionado con la calidad del listado de correo." El mejor producto, la mejor oferta y el mejor artículo serán desechados si su mensaje es enviado a las personas incorrectas.

¿Qué hace incorrecto un listado de correo?

Muy pocos nombres cualificados. Una lista de 5,000 personas que produce una o dos ventas no es efectivo. Sería mejor si, por ejemplo, invirtiera el dinero en un listado de correo más específico, que tenga el potencial de generar un porcentaje de ventas más alto.

Un listado de correo comprado o desarrollado sin un entendimiento claro del sector específico de su mercado. Mientras más detalladamente describa a los prospectos, más oportunidades tendrá de encontrar un listado que concuerde con las necesidades de su mercado.

El momento adecuado para el desarrollo del listado. Si los compradores de autos nuevos son el sector del mercado para su producto, un listado de los compradores del año pasado no le ayudará.

Consejos para desarrollar su pieza de correo directo

Enfóquese en los beneficios que recibirá el consumidor y hágalo inmediatamente. La primera oración en una carta de correo directo debe hablar de beneficios.

Ejemplo de una carta que se enfoca en los beneficios para el consumidor: " haga sonreír a esa persona querida. Llame a Pennington's antes del 7 de mayo para hacer su pedido para el Día de las Madres y le daremos un 10 porciento de descuento."

Un ejemplo de una carta que no se enfoca en los beneficios para el consumidor: "Pennington's Floral Shope ha recibido muchos galardones por sus diseños florales. Déjenos crearle un diseño que merezca un galardón."

Mantenga la oferta simple, fácil de entender y persuasiva.

Incluya una "llamada a la acción."

Pídale al cliente a que "llame hoy."

Incluya una tarjeta de respuesta con franqueo prepagado.

Haga una oferta con tiempo limitado para impulsar a los prospectos a actuar.

Facilite la respuesta o pedido. Incluya solicitudes si es apropiado para su producto. Incluya:

* Números de teléfonos libre de cargos con facilidad para hacer pedidos las 24 horas.

* Números de fax

* Direcciones de correo electrónico

* Opciones de pago tales como tarjetas de crédito

Utilice un método de escritura personal y amistoso. El correo es un método de comunicación de persona a persona.

Haga diferentes piezas de correo directo para dirigirse a diferentes audiencias, aun cuando esté ofreciendo el mismo producto. Su producto o servicio puede tener diferentes beneficios ya sea para la madre de 35 años con dos hijos, o para el hombre soltero de 25 años. Por lo tanto, diseñe diferentes formatos de la misma oferta para las distintas audiencias.

Considere hacer su pieza de correo de una manera tridimensional, que despierte la curiosidad del receptor.

Medidas del éxito

¿Cómo se mide el éxito del correo directo? Muchos dueños de empresas miran a la cantidad de ventas en comparación con el número de cartas enviadas. Expertos del campo del correo directo le dicen a sus clientes que esperen entre .05% y 1% de respuesta o tasa de venta. Por lo tanto, una tasa de venta de 1% para 1,000 piezas de correo directo es igual a diez respuestas o ventas. Si el costo para preparar y enviar 1,000 piezas es mayor que las ganancias producidas por diez ventas, utilice otro plan.

Pero, no caiga en la trampa de simplemente incrementar el número de cartas enviadas para inflar su tasa de venta. Recuerde que la calidad de su listado es escencial.

Ventajas del correo directo

Permite dirigir el mensaje a una audiencia bien específica. Escoja una urbanización o todos los residentes de una ciudad. Diríjase a estudiantes de primer año de universidad que posean un automóvil. Envíele a todos sus clientes o a aquellos que gasten $25.00 por visita a su tienda. Las posiblidades son infinitas.

Este es un medio relativamente caro. Sin embargo, si usted es capaz de enfocarse solamente en compradores de alta probabilidad, la efectividad de costo debe ser buena.

Los mensajes de correo directo pueden ser personalizados para incrementar el interés del lector.

Puede evaluar su efectividad. Si compara el número de respuestas con el número de correo enviado, puede calcular la tasa de respuestas. Si incluye cupones con códigos o cartas de respuestas, puede mantenerse al tanto de quién respondió y de dónde.

Los lectores de correo están activamente involucrados. La gente lee su correo cuando ellos deciden. Por lo tanto, por lo menos por un segundo o dos, su mensaje va a tener su atención completa mientras la abren y la miran.

Desventajas del correo directo

A muchas personas no les gusta las ofertas que no

han solicitado y muchos sospechan de su validez.

Día a día aumenta el número de personas ocupadas que tan siquiera abren lo que consideran como correo promocional.

Utilizar este método de publicidad requiere el constante mantenimiento de los listados de correo. A muchos publicistas no les gusta actualizar sus listados de correo. Sin embargo, con listados viejos, las cartas se envían a direcciones incorrectas. Un listado incorrecto puede deletrear mal los nombres o dirigirse a una persona que ha muerto. Estos tipos de errores molestan, o peor, ofenden al receptor.

9. COMO PROMOCIONARSE A SI MISMO - COMUNICACION NO VERBAL

Además de lo que usted dice, lo que usted hace transmite mucha información sobre quién es usted. Varios expertos en comunicación aseguran que la mayor parte de la comunicación ocurre de manera no verbal. Esto quiere decir que la sonrisa en su rostro y la firmeza con que da la mano cuando dice, "Encantado de conocerlo", comunican más que las palabras.

Y, una vez que alguien se forma una impresión de usted, la tendencia será buscar evidencia que confirme la primera opinión e ignorará cualquier mensaje contradictorio. Eso quiere decir que si usted logró una impresión positiva, las personas se enfocarán en las cosas que respaldan esa impresión favorable. Sin embargo, si usted creó una impresión negativa, tendrá que trabajar el doble para eliminar esa situación.

Recuerde que todo lo que usted hace crea una impresión:

* sus expresiones faciales

* la mirada en sus ojos

* su contacto visual

* sus gestos con las manos

* su postura

• la forma en que se peina el cabello

* la ropa (inclusive los zapatos) que viste

La llegada

No se debe exagerar pero una buena entrada establece en usted la confianza y la habilidad de hacer el trabajo. Lo que más se debe recordar al crear una presencia es sentirse confiado y que tiene algo que ofrecer. Una de las características de las personas famosas es que esperan con toda la naturalidad del mundo que las otras personas respondan positivamente a ellas.

* Cuando entre a la oficina de alguna persona, no baje la cabeza. Camine con confianza. (Toque a la puerta primero, si es apropiado)

* El anticipar una reacción negativa es el comienzo de una reunión fracasada

* Es importante reflejar energía y una buena postura

Lenguaje Corporal

El lenguaje corporal es fundamental para apoyar sus palabras, o retractarlas.

* Ya sea que se dirija a una persona en forma individual o a un auditorio lleno, mantenga siempre el contacto visual

•Mantenga sus expresiones faciales relajadas y amistosas

* Demuestre confianza en sí mismo moviéndose únicamente cuando existe un propósito

* Mantenga sus manos arriba de la cadera. Utilice las dos manos y haga grandes gestos.

* Mantener las palmas hacia arriba se considera un gesto positivo

•Evite cruzar los brazos

Cuando sus manos hablan - Dar la mano

Dar la mano es una manera importante de comunicarse. Un saludo firme, amistoso y confiado ayuda a establecer un tono positivo a su reunión y provee una oportunidad no verbal de establecer su presencia.

* Utilice su mano completa cuando salude. Haga contacto visual; sin esto un saludo no será completamente efectivo.

* Nunca permita que una reunión comience sin un apretón de manos

Algunos hombres piensan que es de mala educación extenderle la mano a una mujer para saludarla. La mujer debe extender su mano al hombre prontamente.

10, PROYECTANDO EL FUTURO: DESARROLLANDO EL CRITERIO ESTRATEGICO

Para ser un líder eficaz, una persona necesita desarrollar destrezas de criterio estratégico. El criterio estratégico es un proceso en el cual usted aprende a convertir la visión de su negocio en una realidad mediante el desarrollo de habilidades en su equipo de trabajo, en la solución de problemas y el análisis crítico. Es también una herramienta que le ayuda a enfrentar una variedad de cambios, planificar para hacer uso óptimo de las transiciones y nuevas oportunidades o posibilidades.

El criterio estratégico es similar a la producción de una película. Cada película tiene un contexto (historia), que se utiliza para que usted tenga como experiencia un resultado específico [en este caso, una emoción] al final de la película. El criterio estratégico requiere tener visión sobre el resultado que espera obtener para su negocio y trabaja en forma opuesta, enfocando la historia en "CÓMO" alcanzar la visión propuesta.

Para desarrollar la visión estratégica existen cinco criterios diferentes. Estos le ayudarán a definir el resultado final. Además le ayudarán a desarrollar los pasos necesarios para hacer realidad la visión de su negocio.

A continuación listamos los criterios:

I. Organización

La organización de su negocio involucra a los empleados, la estructura operacional de la empresa y todos los recursos necesarios para realizar el trabajo. ¿Cómo lucirá su empresa? ¿Qué tipo de estructura apoyará la visión del negocio? ¿Cómo combinará los empleados, los recursos y la estructura para alcanzar al final el resultado deseado?

II. Observación

Cuando observa al mundo desde un avión, puede ver mucho más que cuando está en la tierra. El criterio estratégico es igual ya que le permite ver las cosas "desde arriba". Al incrementar su campo de observación, empezará a conocer qué áreas motivan a las personas, cómo resolver los problemas efectivamente y cómo distinguir entre las alternativas.

III. Puntos de vistas

Los puntos de vista son las diferentes perspectivas acerca de un asunto. En el criterio estratégico existen cuatro puntos de vista que se toman en consideración al momento de desarrollar la estrategia del negocio: el ambiente, el mercado, el proyecto y la evaluación. Estos puntos de vista pueden utilizarse como herramientas para ayudarle a ponderar sobre el resultado final, identificar los elementos críticos y ajustar las medidas necesarias para alcanzar la posición deseada.

IV. Liderazgo

¿Cuáles son las fuerzas que necesitará para convertir el resultado deseado en una realidad? ¿Cuál es la misión y visión del negocio? La fuerza motriz o liderazgo usualmente sienta las bases para mantener orientado al público en lo que se desea obtener del negocio; ejemplos de fuerza motriz: incentivos individuales y organizacionales, autoridad y alineamiento, factores cualitativos; como son: la definición de visión, valores y metas; factores productivos como son la misión o función; factores cuantitativos como son los resultados o experiencia; y otros como el compromiso, acción coherente, efectividad, productividad y valor.

V. Posición ideal

Después de trabajar con los primeros cuatro pasos del proceso de criterio estratégico, estará capacitado para definir su posición deseada. El bosquejo ideal de su negocio debe incluir: las condiciones necesarias para hacer el negocio productivo; los nichos del mercado que satisfacerá; las oportunidades que existen en la actualidad o que pudiesen presentarse en el futuro; las fortalezas o destrezas que requiere el negocio; las estrategias y tácticas que utilizará para iniciar operaciones.

Trabajando estas 5 áreas, empezará a obtener una visión clara sobre cómo lograr sus objetivos. Al ir orientando su visión, las ideas cobrarán mayor fuerza y serán más convincentes. No tan sólo será más fácil convencer a terceros sobre las bondades de su idea, pero también será más fácil mantener su convicción y motivación cuando encuentre obstáculos en el camino.

En general, las destrezas de criterio estratégico pueden aplicarse a cualquier área de su vida. Pero al hacer un esfuerzo concienzudo para aplicarlas a una visión de negocios, tendrá mayores oportunidades de que su visión se convierta en realidad. Y, ¿no es eso lo que usted desea?

Para mayor información sobre criterio estratégico y planificación de negocios, visite nuestra sección de Plan de Negocios.

www.ingramcontent.com/pod-product-compliance
Lightning Source LLC
Chambersburg PA
CBHW070812220526
45466CB00002B/647